AF359061

HILIPPE par la grace de Dieu, Roy de Castille, de Leon, d'Arragon, de deux Siciles, de Ierusalem, de Portugal, de Nauarre, de Grenade, de Tolete, de Valence, de Gallice, des Maillorcques, de Seuille, de Sardaigne, de Cordube, de Corsicque, de Murcie, de Iaen, des Algarbes, de Algezire, de Gibraltar, des Isles de Canarie & des Indes, tant Orientales que Occidentales, des Isles & terre ferme de la Mer Oceane, Archiduc d'Austrice, Duc de Bourgoigne, de Lothier, de Brabandt, de Lembourg, de Luxembourg, de Geldres & de Milan, Comté de Habsbourg, de Flandres, d'Arthois, de Bourgoigne, Palatin de Thirol, & de Haynnau, de Hollande, de Zelande, de Namur, & de Zutphen, Prince de Svuaue, Marcquis de S. Empire de Rome, Seigneur de Frize, de Salins, de Malines, des Cité, villes & pays d'Vtrecht, d'Over-yssel & de Groeninge, & Dominateur en Asie & en Africque. A TOVS ceulx qui ces presentes verront, salut. Il est venu à nostre cognoissance, que l'on a forgé, depuis quelque temps ença, en aulcunes monnoyes d'Allemaigne & aultres voisines, des Florins d'or, du poids & de la ressemblance, mais n'approchans à beau-

A 1 coup

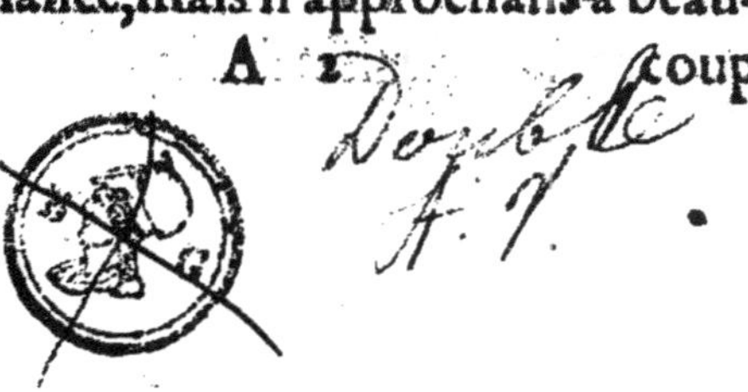

coup pres de la valeur des vieux, & vrays Florins d'or
de l'Empire, eualuez par nos Placcarts precedens, jusques à y en auoir qui different de la moictie du pris,
sans qu'il y ait moyen de discerner les vngs des aultres,
que par voye d'essay & aultres, seulement vsitées entre
gens experts au faict de la monnoye.   Aussi que l'on
auroit fabricqué certaines pieces d'argent ressembláres
aux pieces de trois pattars forgées en nos monnoyes de
pardeça , aux coings & armes des Serenissimes Archiducqs nos predecesseurs.   Et plus, qu'es monnoyes
du Chasteau Regnault, Tour à glaire, & aultres lieux
voisins, l'on contrefaict, non seulement lesdites pieçes
de trois pattars, mais aussi les pattars, demy pattars, &
pieces de six pattars , tant au paon que lion, forgées en
noz monnoyes de pardeça, aulcunes desdites pieçes dif-
ferans seulement d'Inscription, ou d'aultres marques
si peu perceptibles entre la commune, qu'elles semblent
n'estre inuentées , que pour auoir quelque pretexte
d'excuse , lors que l'on viendroit à les tenir , & arguer
pour monnoye contrefaicte.

Et comme nous sommes informés, que lesdites pieces sont aussi notablement inferieures en valeur, à celles
forgées en nos monnoyes de pardeça ; & que ce nonob-
stant par la malice des vngs, & ignorance des aultres, elles se soyent parfois coulées entre nos bons subiects, &
des Princes nos voisins, & alliez, aussi bien que plusieurs
aultres pieces faulses de six, douze, & quarante huict pattars.

tars. **Pource est il,** que desirans pourveoir au bien publicq, & à l'indemnité, tant de nosdits subiects, que d'autres frequentans nos pays de pardeça, eu sur tout laduis, premierement des Conseilliers & Generaulx de nos monnoyes, & apres de nos Conseils d'Estat, Priué & des Finances, auons à la deliberation de nostre treschere & tresaymée bonne Tante Madame ISABEL CLARA EVGENIA par la grace de Dieu Infante d'Espaigne, &c. defendu & interdict, defendons & interdisons par ces presentes prouisionelement, & jusques à aultre nostre ordonnance, le cours de tous Florins d'or d'Allemaigne, tant vieulx que nouveaux, quels qu'ils soient, ou puissent estre; comme aussi desdictes pieces de trois pattars, ressemblantes à celles aux coings & armes desdicts Archiducqz noz predecesseurs.

Defendons enoultre & absolumét le cours & toute mise desdites pieces de six & vn pattars, & desdits demy pattars, côtrefaictes, forgées esdictes monnoyes du Chasteau Regnault, Tour à glaire, ou aultres voisines, & generalement toute ladite monnoye forgée à l'imitation de nos coings & armes, la tenans & declarans pour faulse, auec defences tresexpresses de ne l'apporter ny eschiller en nosdits pays de pardeça, à quelque pris que ce soit: si non qu'il sera permis de la liurer aux maistres particuliers de nos monnoyes, ou aux changeurs fermétez, par marcqs, onçes, estrelins, & as, à tel pris que

A 3

sera

sera tauxé par la liste qui sera dressée par nosdits Generaulx de la monnoye Le tout aux peines ordonnées de droict, & par nos Placcarts precedens, à la charge de ceulx qui se seront mespris en ce que dessus.

Lesquelles peines voulons & commandons estre promptement contre eulx decretées, & rigoureusement executées, & lesdits Placcarts obseruèz selon leur forme & teneur.

Saulf que pour euiter aux difficultez qui se sont presentées depuis quelque temps ençà, pour le regard du billon enuoyé en quantité des pays estrangiers, pour estre liuré & consommé en nosdites monnoyes, auons declaré & declarons prouisionelement & par forme d'essay, l'entrée de tel billon estre permise, en donnant trois sepmaines auparauant, par ceulx qui le feront venir, de ce, aduertence tant au Greffier principal du Magistrat de la ville, qu'au Garde de la monnoye, en laquelle ils entendront le liurer, auec declaration de la quantité, dudit billon & des especes

De quoy ledit Garde tiendra registre, & ledit Greffier principal notice pertinéte, pour y auoir acces en cas de besoing, sans que ceulx qui se regleront selon ce, seront obligez de faire aultre declaration à l'Officier de la premiere ville de nos pays, où ledit billon entrera, ny aussi à la plus prochaine de nos monnoyes de pardeça, pourueu que la deliuráce s'é face en nosdictes mónoyes

huict

huict iours apres la reception dudit billon declaré auf-
dits Garde & Greffier principal, & que la notice par
eulx tenue, foit trouuée accorder auecq ce qui fera paf-
fé au faict de l'enuoy dudit billon.

Et à fin que l'on puiffe auoir parfaicte cognoiffance
les figures, poids & valeur des efpeces tant eualuées
que declarées billonnes par nos Placcarts des moñ-
noyes, auons enchargé à nofdits Generaulx d'en faire
faire effays pertinens, & procurer que lefdites figures
foyent imprimées & ioinctes à cefte noftre ordonnance, en forme de lifte contenant fpecification du
poids & pris defdites efpeces eualuées, & de la valeur in-
trinficque des billonnes, au plus pres du fin, par marcq,
once, eftrelin & as. Si doñnons en mandement à nos
refchers & feaulx les Chef Prefidens, & gens de nos
Priué & Grand Confeils, Chancelier & gens de noftre
Confeil de Brabant, Gouuerneur de Lembourg, Faul-
quemót, Daelhem, & aultres nos pays d'Oultremeuze,
Gouuerneur, Prefident & gens de noftre Confeil de
Luxembourg, Gouuerneur, Chancelier & gens de no-
tre Confeil de Geldres, Prefident & gens de noftre
Confeil de Flandres, Gouuerneur, Prefident & gens
le noftre Confeil d'Arthois, Grandbailly de Haynnau, & gens de noftre Confeil ordinaire à Mons, Gou-
uerneur, Prefident & gens de noftre Confeil à Namur,
Gouuerneur de Lille, Douay & Orchies, Bailly de
Tournay, & Tournefis, Preuoft le Comte à Valen-
cien-

ciennes, Escoutette de Malines, & à tous aultres nos Iu-
sticiers & Officiers, & ceulx de nos Vassaulx qui ce re-
gatdera; Leurs Lieutenans, & chacum d'eulx endroit
soy & si comme à luy appartiendra, que ceste nostre of-
donnance ils publient incontinent, & facent publier
par tout es lieux & limites de leurs iurisdictions respe-
ctiuement, ou l'on est accoustumé faire cris & publica-
tions, & au surplus la gardent, obseruent & entretien-
nent, facent garder, obseruer & entretenir en tous se
poincts & articles, selon sa forme & teneur. En procedã
& faisant proceder contre les trásgresseurs & desobeys-
sans, par l'execution des peines & amendes y apposées
sans port, faueur ou dissimulatió. Car ainsi nous plaist
il. En tesmoing de ce nous auons fait mettre nostre s
à ces presentes. Donné en nostre Ville de Bruxelles
le 27. de Mars l'An de grace) 627. & de nos Regnes le
sixiesme. Paraphé Ma. V. Sur le reply estoit escript.
Par le Roy en son Conseil, & signé Verreyken. & e-
stoit ledit Placcart seelé du grand Seel de sa Maiesté,
en cire vermeille pendant sur double queüe de parche-
min.

Enfuyuent icy les figures des efpeces de

Monnoye d'or & d'argent, tollereés & permifes par la
prefente Ordonnance, au poids & prix y declaré, enfem-
ble de celles de cuyure.

Monnoye d'or.

Les doubles Souuerains d'or, tant à noz coings & armes, que des Se-
renifs. Archiducqz nos predeceffeurs, pefants fept eftrelins, &
huict as, à douze florins.   xij. florins.

B

Lion d'or ou single Souuerain à nosdicts coings & armes, pesant trois
estrelins, & vingt as, à six florins.   vj. flor.

Single Souuerain d'or desdicts Archiducqz, pesant trois estrelins, vnze
as, & trois quart, à six flor.   vj. flor.

Double tierce dudict Souuerain, pesant deux estrelins, huict as, &
vng quart, à quatre florins.   iiij. flor.

Demy Souuerain desdicts Archiducqz, pesant vng estrelin, & vingt
six as, à trois flor.   iij. flor.

Eſcuz d'or à noz coings & arms, & deſdicts Archiducqz, peſants deux
eſtrelins, ſept as, & demy, à trois florins, & douze pattars.

iij. flor. xij. pat.

Doubles Ducats deſdicts Archiducqz & ceulx d'Eſpaigne, peſants
quatre eſtrelins, dixhuict as , & vng quart, à huict florins & deux
pattars.

viij. flor. ij. pat.

Doubles Ducats d'Espaigne, à viij. flor. ij. pattars.

Singles Ducats d'Espaigne, & des Archiducqz, du poids à l'aduenant à   iiij. flor. j. pat.

Quadruple Ducat d'Eſpaigne du poids à l'aduenant, à xvj. flor. iiij. pat.

Double Albertin de pardeça, pesant trois estrelins, vnzè as , & trois
quartz, à cincq florins, huict pattars. 		v. flor. viij. pattars.

Single Albertin, pesant j. estrelin, vingteneuf as, à cincquante
quatre pattars. 		ij. flor. xiiij. pattars.

Reaux d'or de pardeça, pesants trois estrel. quinze as, & vng quart,
à six florins, deux pattars. 		vj. flor. ij. pattars.

Demy Real d'or de pardeça, pesant deux estrelins & neuf as, à trois
florins, vng pattar. 		iij. flor. j. pat.

Demy Real d'or à iiij. flor. j. pattar.

Florins Carolus d'or de pardeça, pesants vng estrelin & vngteneufas,
à quarante pattars.   ij. florins.

Escuz d'or de pardeça, ensemble les escuz de France, pesantz deux
estrelins, & sept as, tresbuchant, à trois florins, & quatorze pattars.   iij. flor. xiiij. pattars.

Les demys à l'aduenant.

Escuz de France, à iij. flor. xiiij. pattars.

B 4

Efcuz de France à iij. flor. xiiij. pattars.

Florins S. André, pesantz deux estrelins, quatre as & demy à cinc-
quantehuict pattars.

ij. flor. xviij. pattars.

Florins d'or S. André, pesantz deux estrelins, quatre as & demy, à cincquantehuiſt pattars.   ij. flor. xviij. pattars.

Les demys florins S. André, de poids à l'aduenant, à xxix. pattars.

Florins Philippus de pardeça, pesants deux estrelins, & cincq as, à quaranteneuf pattars & demy.   ij. flor. ixz. pat.

Florins Philippus de pardeça, peſants deux eſtrelins, & cincq as, à
quaranteneuf pattars & demy.   ij. flor. ixz. pat.

Demy florin Philippus de poids, à l'aduenant à xxiiij. pat. ix. den. arz.

Les thoiſons d'or de pardeça, peſants deux eſtrelins trente as, à cincq
flor. vng pattar & demy.   v. flor. jz. pattar.

Le Rydre de Bourgoigne, forgé
pardeça, peſant deux eſtrelins,
& neuf as, à trois florins, & dix.
neuf pat. à   iij. flor. xix. pat.

Le vieu Lion d'or de pardeça,
peſant deux eſtrelins, vingte
deux as, & trois quartz, à
quatre flor. dix pat. iiij A. x. p.

Le vieu Noble de Flandre, pesant quatre estrelins, quatorze as & vng
quart, à sept florins, sept pattars & demy.　　　　　vij. flor. vijz. pat.

Le demy & quart de poids & prix à l'aduenant.

Le Schutquin forgé pardeça, pesant deux estrelins & six as, à trois
florins, douze pattars & demy.　　　　　iij. flor. xijz. pat.

Le grand Real d'Auſtrice, forgé pardeça, peſant neuf eſtrelins, &
vingtedeuxas, & vng quart, à ſeize florins, & ſeize pattars.

xvj. flor.xvj. pat

Demy Real d'or de poids & prix à l'aduenant à   viij. flor. viij pat.

Le quart dudict Real de poids & prix pareillement à l'aduenant à
iiij. florins, iiij. pattars.

Piſtolets d'Eſpaigne, peſants deux eſtelins, & ſept as treſbuchant, à
trois florins douze pattars & demy.   iij. flor. xij. pat.

Les doubles & quadruples de poids & prix à l'aduenant.

Millerez de Portugal, pesant cincq estrelins, à huict florins & quatre
pattars.   viij. flor. iiij. pat.

Demys Millerez de Portugal, de poids & prix à l'aduenant.

Les deux cincquiemes desdicts Millerez, appellés petits Crusads de
Portugal, pesants deux estrelins, tresbuchant, à trois florins, quatre
pat.   iij. flor. iiij. pat.

Efcu de Portugal à la courte croix, pefant deux eftrelins, & neuf as,
trefbuchant, à trois florins, quatorze pattars & demy.   iij. florins,
xiiijz. pattars.

Efcu de Portugal à la longue croix, du mefme poids, à trois florins,
& treize pattars.   iij. flor. xiiij. pat.

Les Nobles à la Rofe d'Angleterre, pefants cincq eftrelins, à huiɛt
florins, &feize pattars.　　　　　　　　　　viij.flor.xvj.pat.

**Les demys & quarts deſdicts Nobles de poids & prix
à l'aduenant.**

Le Noble d'Angleterre Henry, peſant quatre eſtrelins, & quatorze
as treſbuchant, à ſept florins, & ſeize pattars.
vij. flor. xvj. p.

Le demy & quart de poids & prix à l'aduenant.

Angelots d'Angleterre, pesants rrois estrelins, dix aes & deux tiers,
à cincq florins & dix sept pattars.   v. flor. xvij. pat.

Le demy & quart de poids & prix à l'aduenant.

Les Angelots d'Angleterre auecq vng O sur la neff du mesme poids,
à cincq flor. & douze pattars.   v. flor. xij. pat.

Iacobus d'Angleterre, pesant six estrelins & demy, à dix florins &
douze pattars,   x. flor. xij. pat.

Le demy & quart de poids & prix à l'aduenant.

Ducats d'Hongrie, Bohême, Pologne, & aultres, forgéz en Alle-
magne au pied de l'Empire, pesants deux estrelins & neuf as tresbuchant, à quatre florins.
                                                      iiij. flor.

Ducats d'Hongrie, à iiij. flor.

Ducats de Transiluanie, à iiij. flor.

Ducats de Transiluanie, à iiij. flor.

Ducats de Boheme, à iiij. flor.

Ducats de Preslau, à iiij. flor.

Ducats de l'Empereur, & aultres de la maison d'Austrice, Tirol & Carinthie, à .... iiij. flor.

Ducat de l'Ordre Teutonicque, à iiij. flor.

Ducats de Salzbourg, à iiij. flor.

Ducats de Salzbourg, à iiij. flor.

Ducat d'Aufbourg, à iiij. flor.

Ducat de Hambourg, à iiij. flor.

Ducats de Reichftein & Munfterbergh, à iiij. flor.

Ducats de Pologne, à iiij. flor.

Ducat de Prussie, à iiij. flor.

Doubles Ducats de poids & prix à l'aduenant, à viij. flor.
Doubles Ducats de l'Empereur.

Doubles Ducats de Salzbourg, à viij. flor.

Ducats d'Italie, peſants ij. eſtrelins, viij. as , à trois florins, dixhuiȼt pattars & demy.   **iij. flor. xviijȥ. pat.**

Ducats de Rome.

Ducats de Rome.

Ducats de Bononie.

Ducat de Bononie, à iij. flor. xviijz. pat.

Ducats de Placence, à iij. flor. xviijz. pat.

Ducat de Camerin, à iij. flor. xviijz. pat.

Ducats d'Ancona, à iij. flor xviijz. pat.

Ducats de Milane, à iij. flor. xviijz. par.

Ducats de Milane, à iij. flor. xviijz. pat.

Ducat de Verone, à iij. flor. xviijz. pat.

Ducats de Genua, à iij. flor. xvii jz. pat.

Ducat de Florence.

 Ducat de Venise.

Ducats de Ferrare, à iij. flor. xviijz. pattars.

Ducat de Luca, à iij. flor. xviijz. pat.

Ducat de Siena, à iij. flor. xviijz. pat.

Doubles Ducats d'Italie de poids & prix à l'aduenant à vij. flor. xvij. p.
Doubles Ducats de Rome.

Doubles ducats de Rome.

Doubles ducats de Bononie.

Double ducat de Ancona.

Doubles Ducatz d'Italie...

Doubles ducats de Milan.

Doubles ducats de Ferrare.

Escuz ou Piſtolets d'Italie, peſants deux eſtrelins, & ſept as, à
iij.flor.x.pattars.

Piſtolets de Rome.

Piſtolets de Bononie.

Piſtolets de Parme.

Piſtolets d'Avignon.

Piſtolets de Sicile.

Piſtolets de Milan.

Piſtolets de Genua.

Piſtolets d'Italie, à ill. flor. x. pattars.

Piſtolets de Florence.

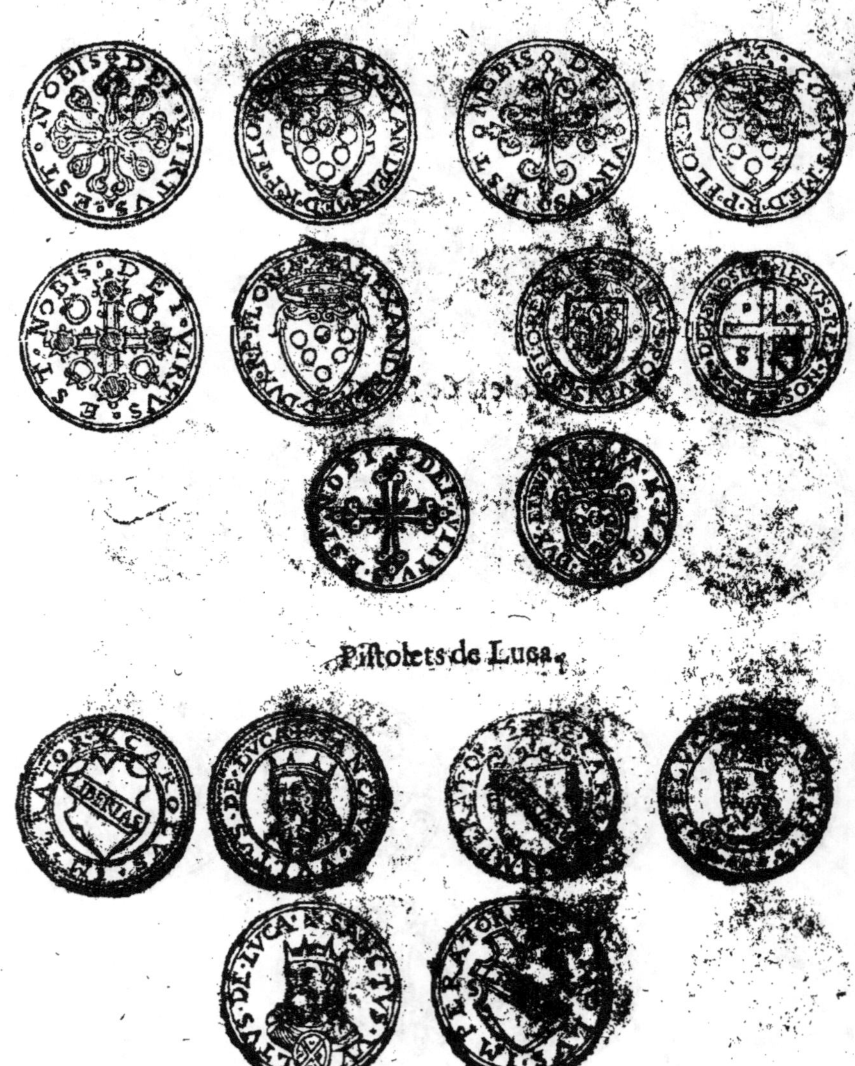

Piſtolets de Luca.

Piſtolet de Veniſe.

Piſtolets de Siena.

Piſtolets de Camerin

Piſtolets de Vrbino.

Piſtolets de Mantua.

Piſtolets d'Italie à iij. flor. x. pattars.

Piſtolets de Lombardie.

Piſtolets de Savoye.

Doubles & quadruples Piſtolets d'Italie du poids & pris à l'aduenant.
Les doubles à vii. florins   Les quadruples à xiiii. florins.
Quadruple de Rome.

Doubles Piſtolets de Milan.

Quadruples de Milan.

Quadruple de Parma & Plaisance.

Double Pistolet de Florence.

Quadruple de Florence.

Quadruples de Mantua.

Quadruples du Prince de Masse.

Doubles Pistolets de Savoye.

Doubles & quadruples d'Italie.
Quadruple de Savoye.

Double Pistolet de Besançon.   Quadruple de Besançon.

Escuz de Liege [illegible] pesant ij. estrel.
vj. as, & vn tiers, à trois flor. ix. patrars, & demy.   iij. flor. ixx. pat.

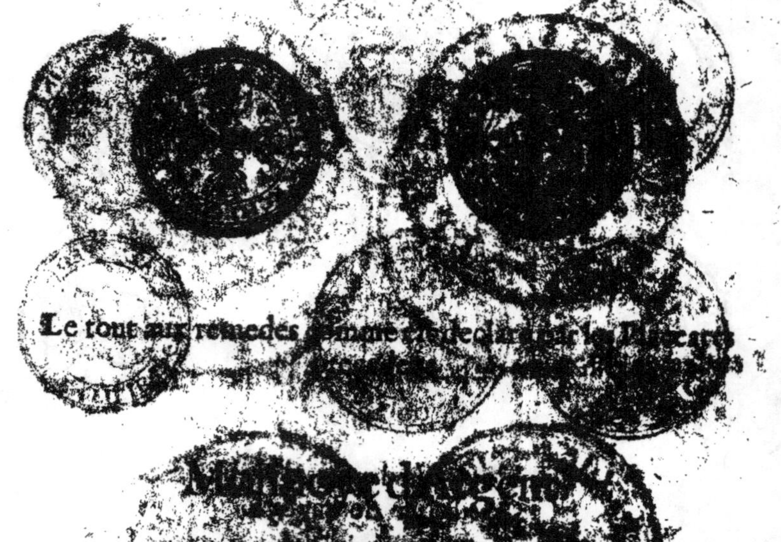

Le tout aux remedes [illegible]

[illegible]

Le nouueau [illegible] es, & desdicts Serenissi[illegible] xxj. estre. &
vij. as. trebuch[illegible] or.   iij. flor.

Les demys Ducatons de poids & pris à l'aduenant à xxx. pattars.

Souverain d'argent dict... [illegible]
armes, & desdictz Archiducqz, pesans comme l'autrel, & xij as, au reuande
de vj. as, par piece, valy iij. pattars.   flor. iij. pattars.

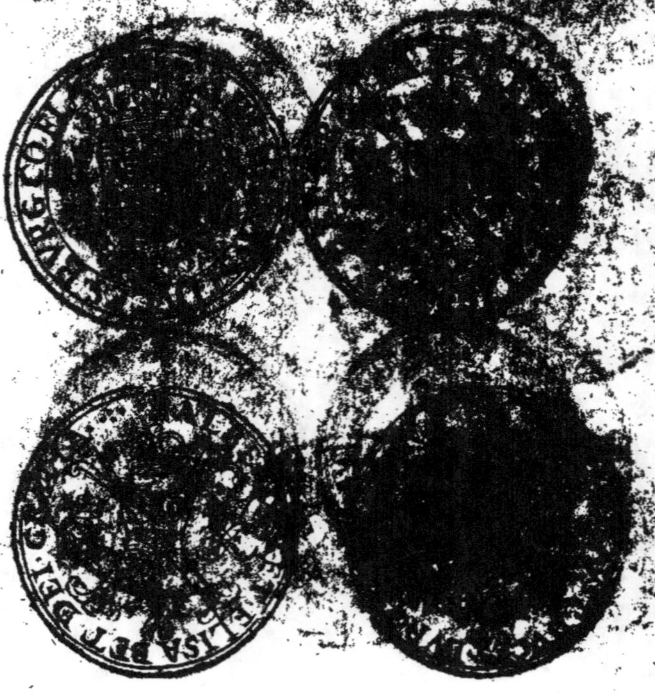

Les demys de poids & prix à l'aduenant, à xxiiij pattars.

Les quarts parellement de poids & prix à l'aduenant, à xij. pattars.

E

Aultre quart ou Teston de Bourgoigne, à douze pattars. xij. pat.

Pieces de six pattars, forgéz à noz coings & armes,   & desdicts Archiducqs,
à vj. pattars.   vj. pat.

Piece de trois pattars, forgé pardeça aux coings & armes defdicts Archiducqz.
& nulz aultres.   iij. pat.

Piece de quatre pattars, forgé pardeça, à iiij. pat.

Double pattar de pardeça, à ij. pattars.

Pattars de pardeça, à j. patrar.

Demy Pattar de pardeça, à vj. den. Art.

Lyart d'argent de pardeça, à iij. den. Art.

Le demy de poids & pris à l'aduenant, au remede de
quatre as à xxvj. pattars.

Les doubles florins forgés... aux seize... des dicts
Archiducqz, peſants xvij. eſtrel. xxix. as & demy, au remede d'au... as
à xlj. pat.

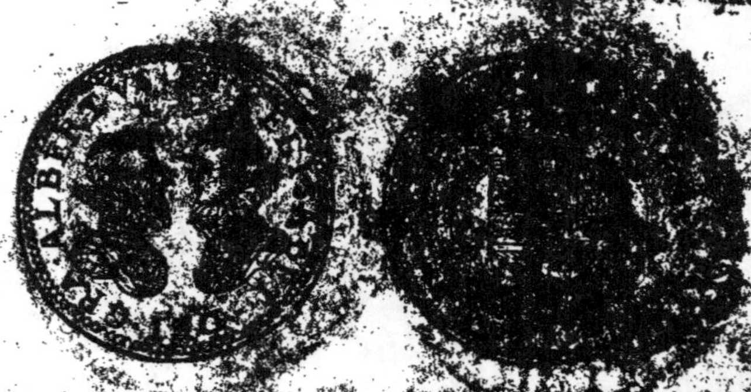

De ſingle florin de poids & prix à...

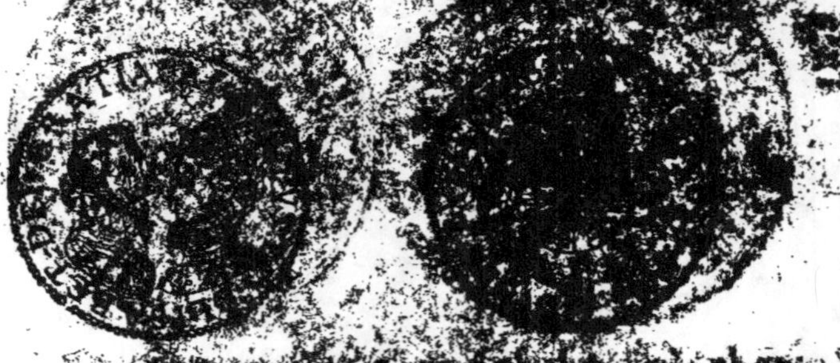

Piece de trois Reaux de... Archiducqz... remede de trois as, à xv. pat.

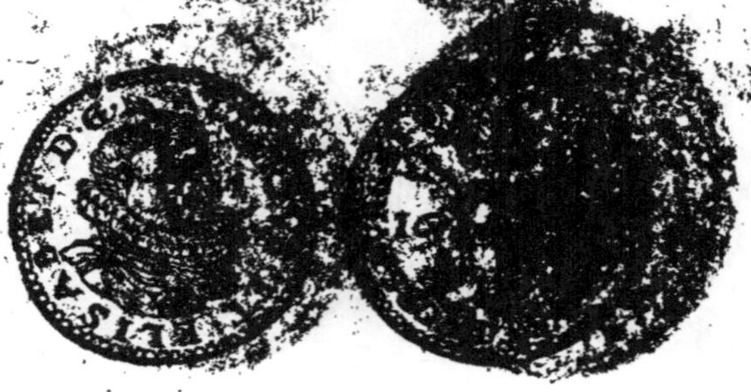

Reaux d'Eſpaigne de huict peſant xvii.eſtrel.xxv as, au remede de
vi as, a x vi pat.   ii flor. vi.pat
Ceux de quatre & de deux de poids & pris à l'aduenaut.

Reaux de Mexico & de Peru de huict, du meſme poids, & au dict
remede, à xlv.pat.   ii flor. v.pat.
Ceux de quatre & de deux de poids & pris à l'aduenant.

Et quand aux cincquiefme, dixiefme, vingtiefme & quarantiefme
defdicts Philippus daldres, demys florin, que [...]iefmes & feixief-
mes d'iceux, comme auffi les fingles Reales [...] d'Efpaigne auec
les Reales, demys & quars defdicts Archiducz [...]eureront à leur
pris accouftumé comme s'enfuyt.

Dixiefme dudict Philippus daldre [...], pefant
pour le moings quatre oftrel & quatre a[...] pat.

Demy florin defdicts Archiducz de mefme p[...] à x. pat.

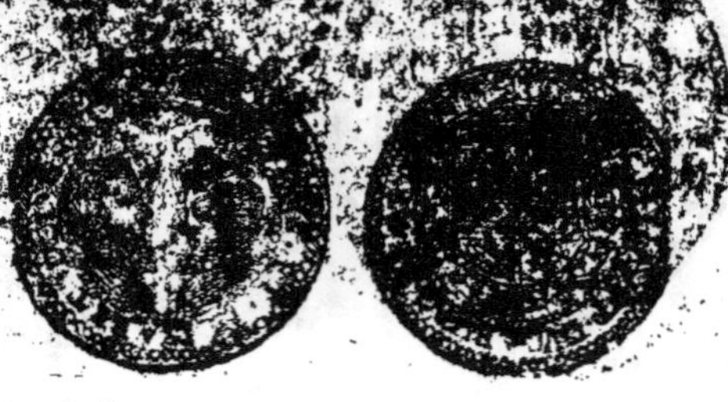

Autre demy florin desdicts Archiducqz, à x. pat.

Dixiesme dudict Philippus daldre, pesant pour le moings ij. estrel.
& ij. as, à v. pattars.　　　　　　　　　　　　　　　　v. pat.

Quatriesme desdicts florins de mesme poids, à v. pat.

Autre quart du florin.　　　v. pattars.

E iij

Single Real de sçudt Archiducaz, pesant deux estrelins,
à v. pattars.

Vieille piece de six gros, forgée pardeça, damoissonnes
à v. pattars.

Singles Reaux d'Espaigne n'estans de meillure poids, que
deux estrelins à v. pattars.

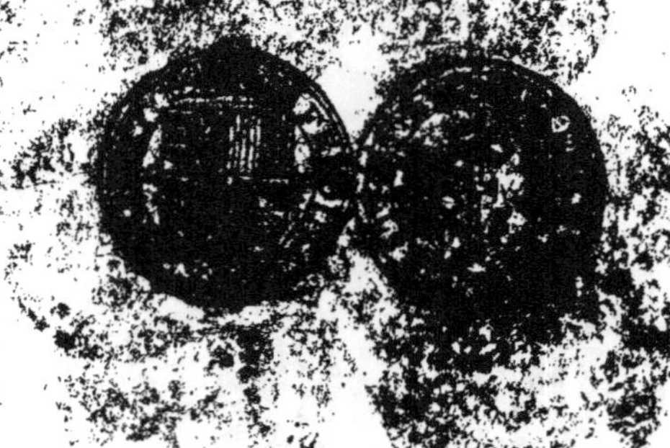

Demy Reaux d'Eſpaigne, peſant vn eſtrelin, à deux pattars
& de my.   iiz. pat.

Vieille piece de trois gros, forgé
pardeça, à   iiz. pat.

Vingtieſmes dudict Phlippus
daldre, à iiz. pat.

Huictieſmes dudict florin,
à iiz. pattars.

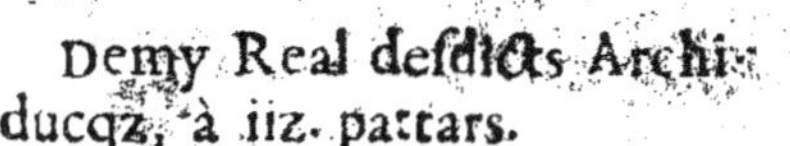

Demy Real deſdicts Archi-
ducqz, à iiz. pattars.

Quarantieſme dudict Philippus daldre, à cincq lyarts,
i. pat. iii. deniers Art.

Seizesme ducets nommé
pat. iij. deniers Art.

Quatruple Roi...
deniers Art.

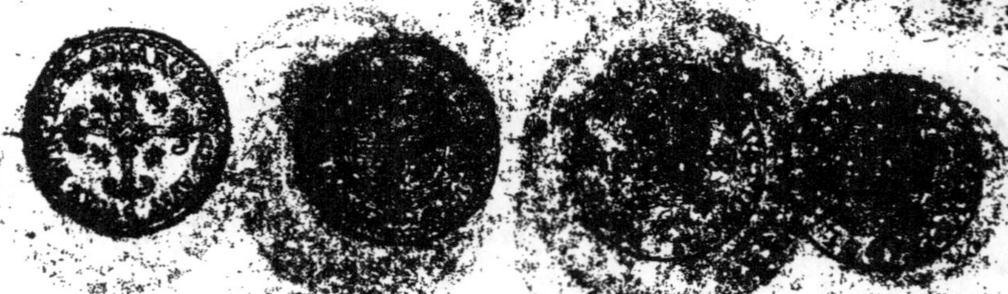

Le florin Carolus pesant xiiij estrel. ...
à trentequatre patars du demy.

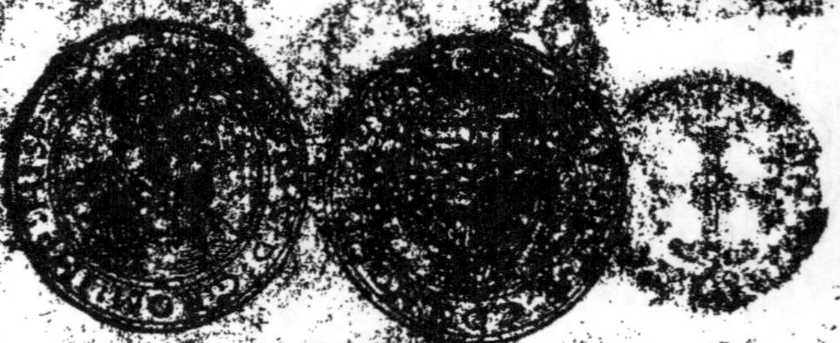

Le daldre à la Croix de Bourgoigne, forgez pardeça, doiz l'an 1567.
n'estant contrefaict, pesant dixhuict ... au remede ... vj.
as, à xlvij. pattars.

flor. vij. pattars.

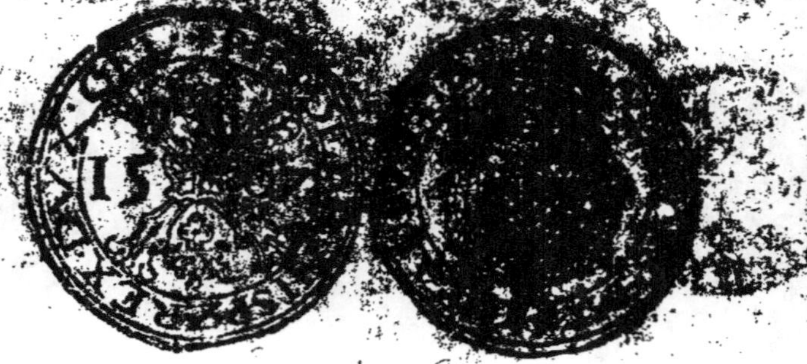

Le Ducaton de Milane, pesant vingtevng estrelins, au remede de huict as, à cinc-
quantecincq pattars.   ij. flor. xv. pattars,

Les nouueaux Daldres de l'Electeur Ferdinand, Euesque & Prince de Liege, &c.
asscauoir ceulx dont les figures sont icy mises, & nulz aultres, pesants vaze
estrelins, trois as & demy, au remede de quatre as, à vingtecincq pattars.

XXV. pattars.

Monnoye de Cuyure.

LYartz & gigotz, forgéz pardeça, tant à noz coings & armes, que de noz predecesseurs.

Lyartz, à iiij. deniers Art.

Lyart, à iij. den. Art.

Gygotz, à jz. denier Art. ou six mites Fland.

Double Denier, à ij. den. Art. ou huict mites Fland.

Singles Deniers, à j. den. Art. ou quatre mites Fland.